Herstellung und Verlag: BoD – Books on Demand, Norderstedt
ISBN: 9783757828608

NORNISCHE

SCHICKSALSLYRIK

An den Wurzeln des Weltenbaums sollen sie leben: die drei Nornen. Urd, Werdandi und Skuld lauten ihre Namen in den nordischen Zungen. Doch ihre Zeichen finden sich in allen Kulturen der Welt. Legenden erzählen, dass sie die Herrinnen der Zeit sind. Eine Sache wird immer mit ihnen in Verbindung gebracht: Gemeint ist das Schicksal. Jedes Wesen ist Schmied seines oder ihres eigenen Schicksals, besagt der Volksmund. Einigen wird großes in die Wiege gelegt. So sehr das auch hilft, es ist nicht entscheidend. Denn um sein Schicksal zu erfüllen, muss jedes Individuum hart arbeiten, schwer kämpfen und weise wählen. Nur dann erwartet uns die Belohnung eines glorreichen Schicksals.

Ur-Rune Urd

Uruz die Ur-Rune
Fällt umgekehrt und
Der Feind zeigt seine Krallen.
Doch es ist immer noch
Urds Qualität und ich werde
Für sie weiterkämpfen!

Urd am Brunnen.
Urd ritzt in den Stamm der Zeit.
Urd weist ...

Ur-Rune.
Urds Urkunde.
In der Truhe
Deiner unsichtbaren Vergangenheit
Wartet dein Schicksal!

Dunkler Schwur

Randnotiz.
Zerstoben im
Regenbogen
Der Straßenpfütze.

Endlos klein
Ist mein Sein.
Es kocht hoch
Allein die Wut.

Ich schwöre
Im Rausch
Bei allen Göttern,
Wieder aufzustehen
Und ein feuriges Beben
Zu säen.

Sie besiegten mich
Mit List und Bosheit.
Ich liege hier verwaist
Im unendlichen Leid.
Aber ich bin bereit,
Den Preis zu zahlen
Für den finalen Sieg.

Narben

Der Gummi auf den Straßen
Und sein endloser Beton.
Der Schmutz in den Gassen
Und der karge Lohn.

Leben wie die Ameisen
In grauen Betonburgen.
Berge stinkender Scheiße
Mit Unfallchirurgen.

Ein kleines Licht
Der Individualität.
Der Schmerz zerbricht
Ohne Bonität.

Schrei dich frei
Von ihren Klassen.
Starte eine neue Datei
Auf besseren
Schicksalspfaden.

Zufällig

Der Sturm der Welt
Bringt Widerstände.
Der Mangel an Geld
Sorgt für Einwände.

Zweifel fressen mein Herz
Und sorgen für schlaflose Nächte.
Der Sorgen Schmerz
Entfaltet ungeahnte Kräfte.

Wege aus der Dunkelheit
Ins rettende Licht
Suche ich weit und breit,
Doch sie sind nicht in Sicht.

Aber wartet: Was ist das?
Ein Zeichen? Ein Symbol?
Habe ich darauf gewartet?
Ja. Jetzt geht es los!

Endlose Chancen

Jeder Morgen
Eine Chance.
Jeder Tag
Bringt tausend
Möglichkeiten.

Offene Augen.
Offener Geist.
Offenes Herz.

Sieh die ganzen
Möglichkeiten.
Ergreif all die
Vielen Chancen.

Sie sind da.
Sie warten auf dich.
Sie tragen dich
Bis zu den Gipfeln
Der Welt.

Auf der Brücke

Ein stummer Schrei
In der Dunkelheit.
An der Autobahnbrücke
Dem Tod ins Gesicht gestarrt.

Unten einst. Jetzt
Auf dem Weg nach oben.
Einst am Boden. Jetzt
Hab ich mich erhoben
Und stürme empor.

Die Faust gen Himmel.
Der Schwur auf den Lippen.
Den Nornen zum Dank.
Den Nornen zur Ehre
Begehre ich das Leben
Des Schicksals.

X

Das X auf der Hand.
Auserwählt seit alter Zeit
Im magischen Land.

Das X auf der Hand
Ist das Symbol
Für dein magisches Gewand.

Du siehst es nicht,
Doch es ist da,
Auch wenn es
Unsichtbar ist.

Spüre die Magie
In deinen Adern und Venen.
Fühle die Liebe
Der magischen Wesen.

Das X steht für dich,
So wie du bist.
Es ist das Schicksalslicht,
Welches in die weiten Reiche
Des Universums aufbricht.

Grabrede

Berge
Des Schicksals.
Täler
Aus purer
Dunkelheit.

Lichtträume
In dunkler Nacht.
Sonnenschein
Am Grab.

Was werden sie sagen
Über deinen Namen?
Wie dich erinnern
Nach dem Wimmern
Am Grab?
Wie wird dein Ruf erschallen
In den Hallen der Heiligen?

Strebe mit und
Ohne Umwege.
Gib niemals auf.
Gib niemals nach.
Gib immer mehr
Bis zum letzten Tag.

Illusion oder Wahrheit

Tausend Träume.
Millionen Visionen.
Manche sagen Schäume
Und Illusionen.
Doch die Schicksalsjäger*
Geben niemals auf.

Träume für manche.
Realität für andere.
Illusionen für die einen.
Wahrheit für die Feinen.

Was für die einen
Das Traumschloss,
Ist für die andere
Das wahre Los.

Die einen geben auf.
Die anderen machen wahr.
Wozu gehörst du?
Was ist dein Weg?
Was dein Pfad?

Dort!

Dort wo die Zeit endet
Und der Weg beginnt,
Dort fließt der Fluss
Des höchsten Schicksals.

Dort findest du mich,
Weil sie dort sind.
Dort findest du alle
Helden und Heldinnen.

Dort am Wurzelwerke
Endet und beginnt Yggdrasil.
Dort in seinem Gipfel
Übersteigt die Zeit.

Dort warten drei Frauen,
Die jederzeit sind.
Dort warten die Nornen
Auf das Schicksalskind.

Rebelliert!

Jede Pore brennt
Und der Schweiß rennt.
Hart strahlt der Schrei
Aus der Kehle in die
Eiskalte Freiheit.

Knirschende Zähne
Wegen einer verbotenen Affäre
In einer lieblosen Welt,
Wo der rebellische Held
Jeden Tag um sein Leben
Fürchten muss.

Das samtene Schwarz
Auf dem hölzernen Sarg
Malt den Überrest
Der nackten Realität
In eine surreale Wirklichkeit.

Drohnen schwirren
Und Kameras filmen.
1984 ist längst hier
Und wir sind nie
Frei von ihrer Kontrolle,
Solange wir nicht alle
Ihre digitalen Fallen
Knacken und zerhacken.

Dein Bild im Film
Ihres kranken Willens.
Doch dein freier Wille
Kann sich über sie erheben
Und die Ketten sprengen,
Die uns Rebellen voneinander
Trennen.

Siegesbanner

Die Stufen des Schicksals.
Die Sprossen des Sieges.
Alles wartet auf dich:
Greif zu!

Auf dem Gipfel
Warten die Nornen
Mit glitzernden Orden
Wahren Wissens.

Auf der Höhe deines Ruhms
Wirst du sie sehen,
Während die Massen
Deinen Namen rufen.

Steige immer höher.
Sieh nicht zurück.
Ergreife des Schicksals Glück,
Welches vor dir liegt!

Für sie

Neues Licht bricht
Am Horizont meiner Seele.
Dunkle Stunden quälten
Mit traurigem Nichts.

Zäh tropft Äther
Aus den Poren meiner Welt.
Auch die Macht des Geldes
Wird immer größer.

Arm und gefangen,
Spricht mein Spiegelbild.
Verrückt und wild
Sträuben sich Gedanken.

Meine Freundin drückt
Mich fest an sich.
Sie ist mein Licht
Und gibt mir Glück zurück.

Wegen ihr lache ich wieder
Und suche die Kraft,
Die in mir darauf wartet
In meine Glieder zu fahren,
Damit wir zu den Gipfeln waten.

Wunden

Wimmernd
Am Boden knien.
Flennend
Ans Ende der Welt
Rennen.

Scheitern.
Zweifel.
Niederlagen.
Nicht einmal:
Tausendfach.

Angst frisst
Die Nächte.
Scham das
Tageslicht.

Wind bringt
Sturm und Donner.
Die Sonne
dunkelt unsichtbar.
Doch etwas überlebt
Und schwört sich
Weiterzugehen.

Glaube es!

Keiner steht dir im Weg
Außer du selbst!
Keiner hält dich auf
Außer dein fehlender Glaube.

Sieh in den Spiegel:
Fühle und besiege
Den Zweifel und die Angst.
Sieh in dein Spiegelbild
Und erblicke das Licht.

Du bist auserwählt.
Du kennst den Weg,
Der zum Gipfel führt.
Alles ist schon da,
Dein Schicksal ist wahr.
Wir alle warten nur darauf,
Dass du endlich an dich glaubst!

Steh auf!

Geschlagen,
Aber nicht verzagt.
Besiegt und
Doch nicht verlieren,
Weil wir weitergehen,
Weil wir es erneut probieren.

Der Schmerz der Niederlage
Frisst jeden Funken Hoffnung
Und kriecht in alle Knochen.

Wütend wie ein Vulkan.
Tsunami gleicher Zweifel.
Ein Orkan des Zorns.
Tränen gleicher Urstrom.

Wir gaben alles
Und versagten.
Nur aufgeben werden wir nicht.
Wir kämpften bis zum Letzten
Und erlagen der Feindesschar.
Aber wir stehen wieder auf.
Wir richten uns auf und
Beginnen erneut unseren
Schicksalslauf.

Harte Wirklichkeit

Harte Sprache.
Klare Worte.
Scharf wie ein Schwert.

Ehrlich bis aufs Mark.
Ich bin nicht so gut,
Wie ich hoffte zu sein.
Du bist nicht so gut,
Wie du hofftest zu sein.
Wir haben noch einen weiten Weg.

Jede:r von uns beiden
Ist bereit.
Doch wir sind noch nicht genug.
Uns fehlt der höchste Mut.
Uns fehlt der höchste Wille.
Uns fehlt der höchste Glaube.

Mut zu unserem Schicksal.
Wille zu unserem Schicksal.
Glaube an unser Schicksal.

Sterbliche

Alte Nester
In kahlen Bäumen.
Karges Land
Unter Wolkenbergen.

Seen erfrieren
An den Herzen der Menschen.
Kinder lieben,
Bevor sie zu kaltherzigen
Erwachsenen werden.

In der Mitte stehst du
Mit Wünschen und Träumen.
Feurig brennt deine Glut.
Wird sie erlöschen?

Ein Schatten folgt dir
Auf Schritt und Tritt.
Er ist dein Gefährte
Im Reich der Sterblichen.
Ob hier oder in der Totenwelt
Mehr noch als dein Schatten
Klebt dein Schicksal an dir

Und wird dich bis ans Ende
Aller Zeiten begleiten.

Punkte

Wieder allein.
Wieder.

Gegen den Gegenwind.
Widerstände.

Arbeitsberge
Wie der Himalaya.

So groß ist mein Ziel und so unglaublich viel muss ich dafür tun. So schön ist mein Traum und so endlos viel muss ich erst aufbauen, um ihm wirklich in die Augen zu schauen. So einzigartig ist mein Schicksal und so hart die Qual diesen Pfad zu wagen. So wild ist mein Wille darauf, alle Ziele zu erreichen und niemals zu weichen, bis jeder Wunsch wahr geworden ist.

Durch das Tal der Dunkelheit

Eine Frage kreist
In deinem Geist:
Bist du es wert?

Der Zweifel schleicht
Sich in dein Herz:
Überstehst du den Schmerz?

Grummeln im Magen
Und Nebel an Tagen,
Die eigentlich hell sind.

Kopfschmerzen und
Gedanken unwert
Zu sein, schleichen sich ein.

Das ist normal,
Denn wer großes wagt,
Kriegt schon mal Angst.

Lass dich davon
Nicht unterkriegen.
Lerne durch die Zweifel
Zu gehen und
Trotz allem immer
Weiter zu streben!

Du und ich

Oh sie zweifeln
An dir und mir;
Aber wir beweisen
Es ihnen.

In uns steckt mehr
Als nur der dumpfe Schmerz
Ihrer Lügen und Intrigen.
In uns steckt mehr Wert,
Als sie sich erträumen könnten.

Wir beweisen es ihnen,
Du und ich.
Wir beweisen ihnen,
Wie viel Licht in uns steckt.
Wir beweisen ihnen,
Dass wir Kinder des Schicksals sind.
Wir beweisen ihnen,
Dass wir auserwählt worden sind.

Nornenkinder

Niemand hört unsere stummen Schreie. Niemand sieht, wie wir auf dem Balkon nach unten in unseren Tod starren. Niemand sieht, wie wir stumm die Waffe umklammern und uns in Gedanken ausbluten sehen. Niemand sieht und wir fragen warum.

Unter all dem Scheiß des Zweifels und der Einsamkeit, summt eine stimmlose Stimme. Sie flüstert: Da ist ein Licht am Ende des Tunnels, auch wenn wir es noch nicht sehen. Da ist ein Sinn hinter all der verlogenen Abgedroschenheit. Da wartet ein neuer, besserer Tag voll Sonnenschein, selbst wenn er noch Lichtjahre weit entfernt ist: Er wartet auf uns!

Ihr Hohn. Ihr Spott. Ihr Gelächter. All ihr fieses, kaltes Mobbing. All der Schmerz und die Ohnmacht, die danach schreit aufzugeben. Dennoch und doch und gerade deswegen dürfen wir nicht aufgeben. Denn die Nornen warten am Ende der Not. Ihr Weg war hart, so wie es unser ist, deshalb sind wir Kinder des nornischen Lichts, das durch die Kälte der Not sticht.

Du schaffst das!

Fehler
Sind keine Fehler,
Wenn du aus dem Schmerz
Lernst.

Niederlagen
Sind keine Niederlagen,
Wenn du nach den dunklen Tagen
Wieder aufstehst.

Scheitern
Ist kein scheitern,
Wenn du bereit bist,
Weiter zu gehen.

Nur der Zweifel und
Die Hoffnungslosigkeit
Sind wahre Niederlagen.
Nur wenn du aufgibst,
Verlierst du wirklich!

Gib niemals auf
Und glaube an dich!

Allein feilen

Im dunklen Keller allein.
Vorm PC allein.
Im Gym allein.
Am Zeichenbrett allein.
Im Studio allein.

Allein meistern,
Während die andern dancen.
Allein streben,
Während die andern sich betrinken.
Allein schuften,
Während die andern bumsen.

Dein Traum ist es wert!
Dein Traum ist stärker
Als der Einsamkeit Schmerz.
Dein Traum ist größer
Als alle Nöte.
Dein Traum ist dein wahres Selbst
Und macht dich zum Held*.
Dein Traum ist der Weg,
Den du lebst und
Auf dem du niemals
Zurücksiehst!

Kohlen

Schlaflose Nächte
In meinem Bett.
Gefährliche Mächte
Binden mich fest.

Orte des Kummers
Fesseln mein Herz.
Trauriger Schlummer
Über den Schmerz.

Leben ergeben
Sich der Not.
Feinde weben
Meinen Tod.

Jenseits der Verzweiflung
Brennt ein Licht.
Es sendet Hoffnung
Für mein kleines ich.

Trotz aller Gefahren
Wächst der Mut.
Trotz der Feindesscharen
Spüre ich neue Glut
In mir wallen und durch
Alle Ängste strahlen.

Ruhm und Ehre

Samen des Schicksals reifen
Auf viele Weisen.
Wege zum Ruhm führen
Über endlose Bühnen.

Wer den Erfolg sucht,
Muss sehr viel tun.
Die Konkurrenz schläft nicht,
Noch weniger wartet sie auf dich.

Aber der Erfolg wartet
Auf deine großen Taten,
Wenn du fleißig bist
Und niemals aufgibst.

So nimm dich selbst an
Und wage dein Schicksal.
Greif nach den Sternen,
Kultiviere das Werden und
Sieh niemals zurück,
Bis das Glück deines ist.

Himmelsgeschwister

Sorgen kannst
Du mir borgen
An jedem deiner Morgen,
Denn sie warten wie Horden
In den morgendlichen Nebeln.

Trüb ist das Sieb,
Das dich erzieht
Und du erfrierst
An ihrer toten Liebe.

Nimm meine Hand
Und fang an,
Mit mir zusammen
Ein besseres Land
Zu erschaffen.

Es ist unser Schicksal
Und unsere freie Wahl.
Denn die Qual ihrer Wahl
Ist der Liebe Sarg.

Krieg der Nächte

An Schlaf ist nicht zu denken, denn in meinem Kopf kämpfen zu viele Menschen. Ich bin mittendrin und der, um den es in allen Kämpfen geht.

Mond und Sterne werfen ihre Schatten und spielen ein Spiel der Illusion. Sie triggern mein Selbst und führen mich tiefer in die Vision.

War der Tag schon hart, so bringt das Grübeln neue Qual. Denn die dunkle Erfahrung des Tags lebt weiter in der Nacht.

Wäre es nur eine Nacht, dann wäre es schnell geschafft. Doch in vielen Nächten muss ich mit den Gespenstern kämpfen. Sie stehlen den letzten Rest meiner Energie und verzehren meine nächtliche Harmonie. Selbst wenn ich in dem einen Traum gewinne, taucht ein neues Gewimmel an Illusionen auf und raubt mir die Kraft mehr noch als die fiesen KollegInnen am Tag.

Unvorbereitet

Wahrheit im Gesicht,
Während der Schmerz zerbricht.
Der Feinde Macht
Hat mich zerstampft.

Sie lügen und
Betrügen schamlos.
Weder kennen sie Tugend
Noch ehrlichen Ruhm.

Ich kreuzte ihre Bahn
Und musste erfahren,
Wie brutal sie zuschlagen
Gegen einen freien Mann.

Allein in meinem Raum
Kreisend im geplatzten Traum
Einer neuen Wahrheit,
Die mich zerreißt.

Die Wunden bluten
Und es kocht Wut.
Ich muss mich heilen
Und mich beeilen
Wieder aufzustehen,
Um erneut zu streben.

Du allein wirst es sein!

Jeder Morgen
Bringt neues Glück.
Jeden Tag legst du
Ein Stück Weg zurück.

Am Ende wartet
Dein Schicksal.
Halte durch und
Mach es wahr.

Die Götter sind
Bei dir jederzeit.
Sei für die Göttin
Allzeit bereit.

Spüre die Blätter
Und Wurzeln Yggdrasils.
Lebe in der Nornen
Ewiger Harmonie.

Du bist geboren,
Um zu streben.
Wähle den Weg
Zum Legendären!

Frei Zeiten

Sie sehen dich.
Sie hören dich.
Sie spüren dich.
Drei Nornen.

In allen drei Zeiten
Fühlen sie deine Schritte.
Alles ist sichtbar
Und doch ist dein Schicksal
Unvorhersehbar.

Da bleibt dein Wille.
Da bleibt deine Liebe.
Da bleibt deine Kreativität.
Sie sind frei
In jeder Zeit.
Also sei die Schmiedin*
Deines Schicksals und gib
Niemals auf.

In die Wiege gelegt

In der Dunkelheit meines Geistes,
Verschüttet vom Schmerz alter Erinnerungen,
wartet etwas auf den Tag.
Seit Anbeginn meiner Zeit ist es bereit.

Seit dem ersten Tag.
Seit den ersten Atemzügen.
Seit dem Moment, als
Wir in diese Welt traten,
Schläft ein Potential in uns:
Das Potential des Schicksals.

Wir haben es schon.
Wir besitzen schon die Gabe.
Wir haben alles, was wir brauchen,
Wir müssen nur daran glauben.

In mir, sowie in dir
Liegt etwas in der Tiefe.
Es wartet in jedem Augenblick,
Dass wir uns ihm zuwenden
Und unser Leben zum Besseren wenden.

Viele Götter

Ein Gott?
Wie arm!
Wir haben
Millionen Götter.

Ein Gott,
Der diese Welt
Erschuf?
Wir haben Götter,
Die höher sind
Als alle Götter,
Die Welten
Wie diese erschaffen.

Ein Gott
Im Buch?
Wie langweilig!
Unsere Götter
Leben in der Natur.
Sie leben sogar
In den Maschinen
Und den fernsten
Himmelssternen!

Ein Gott
Motiviert dich?
Uns treiben
Millionen Götter
An, alles zu geben
Und für immer
Zu streben!

Episch

Trotze ihrer Wut, ihrem Zorn, ihrer Ignoranz und ihrer grenzenlosen Dummheit. Nimm deinen ganzen Mut und erhebe dich über ihre Ränke.

Machtkämpfe sollen dich nicht aufhalten. Jeder Kampf ist nur ein neuer Start, um ans Limit zu gehen und um sich über dein altes Selbst zu erheben.

Dein Leben wurde dir vom Schicksal gegeben, aber du musst auch die Kräfte annehmen, die in dir leben und darauf warten, die Welt zu verzaubern.

Zaudere nicht; noch weniger gib dich dem Grübeln hin. Vor allem aber: Besiege den Zweifel, der versucht, dir glauben zu machen, dass kein episches Schicksal auf dich wartet. Es ist da: Glaube daran!

Fang an!

Wenn wir beginnen,
Erwartet uns ein Berg.
Wenn wir davor fliehen,
Bereuen wir es im Sarg.

Es zu probieren
Und zu scheitern.
Schwirren wie Bienen
Voll mit Honigkleister.

Die Tiere kämpfen
Ums Überleben.
Doch wir Menschen
Müssen nur streben.

Unsere sicheren Leben
Sind ein Geschenk.
Wir können alles geben
Und Fehler überdenken.

Fang einfach an,
Denk nicht zu lange nach.
Lerne das Machen und
Bereue nichts im Sarg.

Knirpse

Friede, Freude,
Eierkuchen haben
Wir als Kinder
Laut gerufen.
Als wir dann
Erwachsen wurden,
Spürten wir die
Bürden dieser
Harten Welt.

Klee, Sommer und
Löwenzahn waren
Alles in den
Alten Tagen;
Doch dann
Wurden wir groß
Und das Los
Des Schicksals
Führte uns von
Prüfung zu
Prüfung.

Warum?

Nie wieder
Und dann doch.

Keine Sekunde weiter,
Während es immer weiter geht.

Wann endet die Qual?
Wann endet die Not?
Wann die Schmach?

Sekunden werden zäh
Wie Äonenfeuer.
In mir toben Ungeheuer
Und quälen mich.

Warum?
Doch das weil ist klar.
Warum?
Weil war, was war,
Ist was ist.

Warum ändere
Ich es nicht und
Tanze in einem besseren
Zukunftslicht?

Glaub und vertrau

Glaube und vertraue,
Dass dein Weg dich
Zum Licht führt.

Glaube an deine Kraft
Und vertraue dem
Schicksal.

Glaube an die Gaben
Des Himmels und
An deine Heldentaten*.

Glaube und baue
Dein Vertrauen
Auf die Göttinnen*.

In dir ruht die
Wahre Macht und
Grenzenlose Kraft.

In dir schlummert
Göttlicher Mut
Und magische Tugend.

Glaube endlich an dich
Und vertraue auf das Licht
Deines Namens.

Wille zur Macht

Die Million vor der Million!
Die Milliarde vor der Milliarde!
Der Sieg vor dem Sieg:
Alles entsteht im Willen.

Der Willen strömt.
Der Wille fließt
Von Sieg zu Sieg.
Selbst wenn er durch
Die Niederlage fließt,
Genießt der Wille
Und sprießt.

Wille sei mit mir!
Wille sei mein.
Wille lass mich sein
Und scheinen, damit
Mich jede:r sieht
Und anerkennend
Über mich spricht.

Spirituelle Wiedergeburt

Krank
Gestrandet
Arm
Verbannt

Ohne sie
Verlieren
Allein
Vegetieren

Schrilles
Spiegelbild
Depressiver
Aderlass
Endstation

Zweite Chance
Der Schicksalskraft
Schwach aber
Hoffend
Zweifeln aber
Strebend

Erstes Licht bricht
Durchs Dickicht
Neugeboren
Auserkoren

Oder?

Vielleicht sitzt neben dir ein Held
Oder mehr noch:
Vielleicht wartet in dir eine Heldin?

Was weißt du schon über dein Potential
Oder mehr noch:
Warum glaubst du, was die Welt über dich sagt?

In uns stecken Äonen.
In uns steckt die Wahrheit des ganzen Universums.
In uns steckt das Erbe von Generationen.
Doch wir glauben so klein zu sein, wie die Gesellschaft
und die Hater uns eingeredet haben.

Sind wir, was sie sagen, was wir sind
Oder anders gesagt:
Sind wir das Schicksal, welches in uns steckt?

Wie wäre es ...

Tausendschön
Sah ich sie und
Träumte, wie es wäre …

Tausendfach
Spann ich mir ein
Traumschloss, wie es wäre …

Tausende Mal
Erdacht ich mir ein
Leben, wie es wäre …

Nichts geschah.
Doch dann bin ich
Aufgewacht und begann!

Ich begann zu schuften,
Zu malochen und zu werkeln
Und nach und nach wurden
Meine Träume wahr.

Dein wahres Gesicht

Im Angesicht der Niederlage
Zeigt sich das wahre Gesicht,
Welches hinter unseren Alltagsmasken
Verborgen liegt.

Während der eine aufgibt,
Geht die andere weiter.
Während die eine ängstlich zögert,
Stürmt der andere voran.

Im Angesicht des Verlustes
Zeigt sich, wer wir wirklich sind.
Zweifeln und Weichen ist leicht.
Kämpfen und vorwärts schreiten
Zeugen von Meisterschaft*.

Sieh, wer du wirklich bist.
Spüre dein wahres Gesicht,
Welches hinter den Rollen
Des Alltags verborgen liegt.
Sei, wer du wirklich bist
Und siege im hellsten Licht!

Überall warten

Momente kommen
Und gehen.
In jedem steckt
Ein Funke Schicksal.

Chancen entstehen.
Manche genutzt.
Manche übersehen.
Jede von ihnen trägt
Das Potential in sich
Großes zu vollführen.

Möglichkeiten warten
In allen Ecken und Winkeln
Der Welt. Sieh nur hin und nimm
Sie an, weil sie kostbar
Und selten sind.

Zufälle helfen jenen
Mit gutem Herzen.
Erkenntnisse werfen
Licht in die Zukunft
Lebendiger Träume.

Glaube endlich!

Glaube!
In dir ruht es.
Glaube
An die Tiefe
Jenseits der Sinne,
Ins wahre Land
Deines Schicksals!

Glaube!
Dir ist gegeben.
Auferstanden bist du
Aus den vier Elementen.
Dein Leben
Ist ein magischer Fluss
Aus den vier Elementen.

Glaube!
Die Gaben der Erde
Sind dein wahres Erbe.
Glaube
An die Gaben
Deiner Ahnen.
Glaube
An die Geschenke
Des Universums
Und seine Kräfte,
Die in dir darauf warten
Zu strahlen.

Tage wie dieser

Ein Tag der Tränen.
Geschrei! Knall.
Zweifel an der
Sinnhaftigkeit.

Warum? Diese Frage
Fliegt in meinem Kopf
Herum. Warum?

War der Weg richtig?
Ist all das wichtig?
Warum kümmer
Ich mich drum?

Dieser Tag war
Ein lebender Sarg.
Nur um des Geldes Willen
Ließ ich mich schinden.
Nur wegen den Erwartungen
Einer Welt, die längst nicht
Mehr die meine ist,
Quäle ich mich.

...und wieder kreist warum
In mir herum!
Wieder scheint der Sinn verloren
Und ich fühle mich betrogen.

Aus dem Warum
Wird ein neuer Grund,
Der mich aus der Sinnlosigkeit führt
Und zu Tagen voll von Lachen.

Ka'ah

Winde dich
In deinen Rinden.
Ein Baum. Dein Gehirn.
Tiefe Furchen.
Übergehen.

Ein Wind
Des Schicksals.
Der legendäre Zaunpfahl.
Eine Botschaft wartet
Im Garten deines Unbewussten.

Schmerz. Kummer
Und Not sind Lehrmeisterinnen*.
Qual leitet die Geister der Welt
Mehr als alles Geld.

Zentrum.
Ich und Macht.
Auf der Spitze der
Pyramide ist ein leerer Platz.

Erfroren im Sonnenlicht.
Tannen weiden. In die
Kämpfe verkrampft.
Heile entspannt.
Nimmermehr.

... bis zum Tag
Der Prophezeiung.

Annehmen

Offene Tore
Ins Unterbewusstsein.
Geheime Symbole
Weisen ins innere Heim.

Stell dich dir selbst,
Denn du belügst dich.
Erkenne deine Welt
Im magischen Licht.

Die Gaben der Götter*
Sind dein Geschenk.
Du bist dein Schöpfer
Und deine eigene Henkerin.

Alles ist dir gegeben,
Du musst es nur formen.
Lerne zu streben
Über die Normen.

Sieh, wie sie sehen
Und auf dich warten.
Spüre, wie sie flehen
Nach deinen Taten.

Du bist im Spiegelbild
Und siehst dich nicht.
Du bist der Held*.
Jede:r wartet auf dich!

Sie warten auf dich!

Unsere Welt stirbt,
Wenn du nicht
Für sie kämpfst.

Unsere Erde verbrennt,
Wenn du nicht
Für sie kämpfst!

Die Nornen rufen dich!
Die Wanen und Asen
Schreien deinen Namen.
Magische Wesen warten
Auf deine Taten.

Geboren mit der Gabe.
Gegeben ist dir die Kraft.
Geschickt hat dich das Schicksal
Auf eine epische Reise.

Straucheln. Zweifeln.
Weinen und Leiden.

Geh durch den Sturm!
Erwecke neuen Mut.
Ja hart ist dein Tag.
Schwer ist dein Leben.
Trotzdem darfst du
Niemals aufgeben!

Du bist

Du bist
Im Angesicht der Niederlage
Und deines Sieges.

Du bist der Größte,
Wenn du deine Niederlagen
In Siege verwandelst.

Du bist,
Worauf die Welt wartet,
Also warte auf dich.

Du bist
Die Offenbarung
Für viele Suchende.

Du bist
Das heilige Licht,
Welches Erlösung bringt.

Du bist auserwählt,
Also glaube an dich
Und bring deine Liebe
Und deine Sicht in die Welt.

Endlos

Kein Weltensturm
Kann dir den Glauben
An dein überweltliches
Schicksal nehmen.

Kein Krieg wird
Dir die Stärke
Deiner inneren Seele
Wirklich nehmen.

Dein Glaube und
Dein Vertrauen in
Die Macht Yggdrasils
Führt dich durch
Deine Existenzen.

Grenzenlos sind
Yggdrasils Welten
Und überall warten sie,
Dass du dein Schicksal
Endlich erfüllst!

Ein Ast

Sie sehen und glauben nur,
Was sie sehen.
Doch ist Liebe sichtbar?
Nein, aber sie ist das Gesetz
Dieses goldenen Äons.

Wie könntest du Yggdrasil sehen?
Wie könnte sich dein kleiner
Menschengeist jemals seine Weiten vorstellen?

Aber Yggdrasil ist.
Yggdrasil grünt.
Yggdrasil formt die Formen,
Die dich und deine Welt
Bedingen.

Yggdrasils Blatt ist dein Universum.
Yggdrasils Ast ist dein Zeitstrom.
Yggdrasils Wurzeln bergen Geheimnisse
Und einen Brunnen mit Äonen.

Drei Frauen sind eine und keine.
Niemals ist nicht Nichts.
Sein bricht sich im Nichtsein
Und verlischt im Licht.

Trotzt!

Sei nicht das Opfer
Deiner Erinnerungen.
Sei nicht das Opfer
Vergangener Bilder.

Heile die Wunden
Mit neuem Mut.
Überdecke die Narben
Mit Heldentum.

Dunkle Nächte.
Verlogene Kräfte
Und feindliche Mächte.
Wir alle erleben diese Qual,
Doch einige werden dadurch stark.
Denn sie wachsen und wachsen
Und trotzen den gegnerischen Taten.
Sie formen sich im Angesicht
Der Niederlagen und strahlen
Im neuen Licht, das bis zum Gipfel durchbricht.

Tiefe Liebe

Höre nicht mal auf mich,
Wenn dein Herz widerspricht.
Aber höre auf die Liebe
Und die magischen Triebe.

Folge in die Tiefe.
Folge der Liebe.

Liebe ist größer
Als diese Erde.
Sie ist sogar noch größer
Als unsere Sonne.
Liebe ist wahr und
Sie bleibt wahr,
Solange du ehrlich bist.

Folge der Liebe
In die spirituelle Tiefe.
Folge ihr und finde
Das wahre Glück
In jedem Augenblick!

Bilder der Zwischennatur

In den Nebeln
Weben.
Auf den Bergen
Lernen.
In den Flüssen
Spüren wir die nackte Haut
Und im Frost erfahren wir
Den Schmerz.

Die Natur spielt
Ihr Spiel.
Wir sind ein Teil
Von ihr.

Blumen, Blätter, Birken,
Eschen und Eichen
Sind magische Zeichen
Yggdrasils.

Zwischen den Zeichen
Warten die Weichen.
Zwischen dem Sehen
Kannst du tiefer gehen.
Zwischen dem Sein
Erscheinen drei Nornen
Und fordern dich auf,
Alles zu geben,
Um dich über dich selbst
Zu erheben.

Magisch

Magische Macht
Ist der alten Runen
Kraft.

Magische Wesen
Hauchen ein
Den Runen Leben.

Magische Flüsse
Fließen aus
Yggdrasils Nüssen.

An den Wurzeln
Sitzen die Nornen
Und ritzen.

In den Runen ruht
Neuer Mut, der uns
In eine goldene
Zukunft führt.

Zeichen

Sie ärgern, hassen
Und quälen mich.
Ich fühl mich
Allein und verraten.

Ein Zeichen,
Magisch und nah,
Kaum zu glauben
Und doch wahr.

Das Zeichen
Einer Macht
Mit höherer Kraft
Als diese Welt.

Das Zeichen
Einer Welt,
In der mehr zählt
Als nacktes Geld.

Das Zeichen
Von Wesen,
Die höher als
Die Irdischen leben.

Das Zeichen
Einer Wahrheit,
Die mich heilt.

Vergiss die Hater

In ihren Augen
Der Hass.
In ihren Mündern
Der Zweifel.

Sie reden über dich.
Sie zerreißen sich
Ihre schmutzigen Münder
Und lästern ohne Gnade.

Doch wissen sie,
Wer du wirklich bist?
Kennen sie die Wahrheit,
Die in dir lebt?

Lass sie reden, lästern
Und sich ihr Maul zerreißen.
Lass sie stehen und geh
Deinen eigenen Weg.

Höre nicht zu,
Wenn die Falschen
Über dich reden.
Höre dir zu
Und dem was
Dein Herz spricht.

Selbst

Sieh zu den Sternen
Und lerne dich selbst
Zu beerben.

Sei deine
Eigenen Stufen
Zum Erfolg.
Baue die Sprossen
Zum Sieg aus
Dir selbst.

Sei der Mann,
Sei die Frau
Deines Vertrauens.
Erwähle dich
Und glaube!

In dir ruht genug.
In dir wartet
Die Kraft.
In dir ist alles,
Was du brauchst.
In dir dampft
Der Siegesrauch.
Glaub nur glaub!

Klitzekleines Licht

Hügel überwinden.
Berge erklimmen.
Gipfelstürmer.
Himmelsfliegerin.

Das Ziel unendlich fern.
Ein Tunnel, der sich
Endlos hinzieht
Und ein klitzekleines Licht,
Dass am Ende blitzt.

Instinktives Schlucken,
Als die Realität bewusst wird.
Erschöpftes Stöhnen
Schon bevor die Arbeit beginnt.
Schwerer als tausend Wälder
Wiegt die Last der Arbeit.
Weiter als die Sterne,
Ist das Ziel noch entfernt.

Es hilft nichts:
Einmal in die Hände gespuckt
Und los geht's!

Der Weltenbaum

Ein Baum
Bildet den Raum
Aus dem alle Welten
Gebaut.

Yggdrasil.
Esche oder Eiche?
Yggdrasil;
Dessen Kinder
Alle Bäume sind.
Yggdrasil;
Der der Quell
Aller Macht ist.

Ein Baum
Erscheint im Traum
Als Weltinnenraum.
Ein Baum
Ist die Wiege
Aller Welten.

Erzogen aus
Magischen Sporen
Der Nornen.

Suche

Tränen wehen
Im geistigen Wind.
Erinnerungen quälen
Und nehmen
Die letzte Hoffnung.

Ein Gesicht
Im Spiegelbild.
Bekannt und fremd.

Ein Gefühl,
Das im Körper spielt.
Fern und echt.

Stumpf ist der Grund
Der Schmerzen des Herzens.
Fremd ist das Feld
Meines Schicksalsweges.

Wo ist der Gott?
Wo die Göttin?
Gebete wehen,
Während Träume vergehen.
Der Blick, gen Himmel gestreckt,
Folgt einem alten Affekt.

Wer ist da?
Wer hört zu?
Ihr Götter und Nornen:
Erhört den Ruf!

Nackt

Der Blick zu den Göttinnen
Ist auch der Blick
Auf meinen Wesenskern.

Nackt bin ich für sie.
Nicht nur körperlich,
Sondern in meinem
Ganzen Sein.

Nackt sehen sie
Jeden Winkel meiner Seele.
Nackt ist jeder
Meiner Charakterzüge.

Nackt stehen meine
Fehler da und
Nackt zeigt sich
Ihnen meine Dunkelheit.

Ich schwöre euch,
O meine Götter und
Geheiligte Göttinnen,
Mich zu bessern,
Bis meine Nacktheit
Heilig strahlt.

Heißkalter Schweiß

Angstschweiß.
Eiskalt.

Weiche Knie.
Zitternd.

Sie sagen, es ist leicht,
Doch Erfolg hat einen Preis.

Hab mich erhoben
Und Widerstand geleistet.
Hab mir geschworen,
Nicht zu weichen.
Doch ihre Macht war groß;
Größer als ich.
Doch ihre Bosheit war stark
Und hat mich schwach gemacht.

Ich hab mich nicht unterschätzt,
Aber hab sie unterschätzt.
Ich war bereit, alles zu geben,
Doch nun fürchte ich um mein Leben.
Wie weit kann ich noch gehen?
Zwingen sie mich aufzugeben?

Wer kennt die Zukunft?
Wer kennt unser Schicksal?

Besiegt

Ich renne!
Ich fliehe
Und verkrieche mich.
Zu viele.
Zu stark.
Der Feinde Übermacht.

Mit Lug und Trug.
Mit Stress und Hass.
Ich bin besiegt und
Geschlagen, verzagt
Und ohne Rat.

Wie das verletzte Tier
Sich in den Wald zurückzieht,
Um seine Wunden zu lecken;
So ziehe ich mich zurück
Und lecke meine Wunden.

Ich bin besiegt
Und unterlegen.
Ihr fieser Krieg
Hat mich geschlagen.

Naiv war ich, ihnen zu vertrauen.
Dumm war ich, auf sie zu bauen.
Nun sitz ich da und heile mich.
Nun sitz ich da und baue mich
Wieder auf. Selbst wenn es Jahre dauert:
Doch ich werde wieder aufstehen!

Schmerz

Sie kriechen
In meinen Geist
In meine Knochen
In mein Herz:
Meine Feinde!

Nicht das ich Feinde will,
Aber sie wollen mich.
Nicht das ich sie brauche,
Aber sie brauchen mich.

Ihr kaltes Herz
Kennt nur den Wert
Der Missgunst und Zwietracht.
Ihr kranker Charakter
Ist durchzogen von Bosheit.

Sie schaden mir,
Selbst wenn sie nicht bei mir sind.
Sie tun mir weh,
Selbst wenn ich sie nicht seh.
Sie haben Macht über mich
Durch unsichtbare Kraft.

Ich muss sie besiegen
Und abwehren.
Ich muss mich von ihnen befreien
Und endlich mutig genug sein,
In die Schlacht zu ziehen,
Um sie für immer zu besiegen.

Spirituelles Heldentum

Eine Welt
Dient dem Geld,
Doch ein wahrer Held
Folgt seinem Schicksal.

Das Schicksal
Ist die Qual der Wahl.
Denn die wahren Heldinnen
Glauben nicht den Schwachsinn
Des Materialismus.

Der wahre Heldenmut
Ruht im spirituellen Heldentum,
Das tiefer geht
Als alles Geld.

Der große Held und
Die wahre Heldin;
All die Mutigen
Und Tapferen müssen
Sich erst in ihrem Herzen
Über alle Schmerzen
Der materiellen Welt erheben,
Denn sonst ist Geld nur ein Feind,
Mit dem sie streiten.

Erhebt euch ihr Wahren
Zu mutigen Taten.
Erhebt euch Walküren
Zum legendären Rühmen.

Suchender Gott

Einäugiger hing
Nach einem Wink
Der Nornen
Ist er spirituell
Wiedergeboren

Selbst ein Gott
Gott des Nordens
Ging zu den Nornen
Um zu verstehen

Runen künden
Ihr Brunnen zeigt
Odin bat und fragt
Drei führen und
Weisen dem Weisen

Magischer Speer
Unruhiges Herz
Suchender
Nirgendwo in Yggdrasil
Fand er
Nur die Nornen
Kannten und verstanden

Jedes-mal

Der Fall war hart,
Doch der Boden fing dich auf.
Der Schnitt war tief,
Doch das Blut gerinnt.

Zehnmal scheitern,
Elfmal starten.
Hundertmal fallen.
Hundert und ein Mal
Wieder aufstehen.

Dunkle Wolken.
Hagelstürme.
Tornados.
Vulkanausbrüche.
Doch das Segel deines Willens
Trägt dich durch dem Sturm.
Die Lava fließt und frisst
Das Menschenland, doch
Du rennst bis zum rettenden Strand.
Du schaust dich um und siehst der Gefahr
Ins Gesicht und lachst, als ob du verrückt geworden
bist.

Verloren

Wieder geschlagen.
Wieder verloren,
Betrogen und entehrt.

Welchen Wert
Hat der Schmerz?
Nur den, wenn
Ich aus ihm lerne.
Nur den, wenn
Ich ihn nicht erneut
Erzeuge.
Nur den, wenn
Ich durch
Ihn reife.

Wenn denn der Schmerz
Mein Lehrmeister ist
Und mich lehrt,
Zu wachsen über mich;
Wird er verschwinden
Und ich beim nächsten Mal
Gewinnen.

Los!

Sorry!
Konnte nicht mehr.
Also drehte ich mich um
Und floh.

Kopf runter
Und los.

Irgendwann.
Irgendwo.
Irgendwie
Halt ich an.

Doch nicht jetzt.
Nicht jetzt.
Nicht jetzt.

Jetzt renn ich weg.
Wenn's sein muss
Bis ans Ende der Welt.

Depressiv

Der Lohn
Dieses Streits ist
Eine fette Depression.

Lange schlafen.
Wenig tun
Und grübeln ohne Unterlass.

Im Spiegelbild
Erkenne ich mein
Selbstbild.

Im Spiegelbild
Entschließe ich mich,
Von vorn zu beginnen.

Früh aufstehen,
Viel tun und
Über mein Schicksal
Nachdenken.

Einfach ist es nicht,
Denn die Depression hat es in sich.
Doch ich muss kämpfen
Und meinen Alltag
Zurück zur Sonne wenden.

Knapp verpasst

Vom Haken gesprungen.
Dem Schlund entkommen.
Mich ans rettende Ufer geflüchtet.

Es war knapp;
Mehr als knapp.
Fast hätte sie mich gehabt
Und an der Decke aufgehängt.

Ein Wunder;
Ein wahres Wunder
Rettete mir den Allerwertesten.
Ich wundere mich immer noch,
Dass es wahr geworden ist.

So knapp und ich weiß,
Sie haben sich schon gefreut.
So knapp und ich weiß,
Wie enttäuscht sie jetzt sind,
Dass ich entkommen bin.
So knapp und ich weiß,
Sie ärgern sich rot und braun
Vor Wut und Hass.

Doch es hat geklappt,
Wenn auch nur knapp:
Aber ich jetzt bin frei!

Lauf!

Lebendig kriegen sie mich
Nimmermehr zu Gesicht
Lebendig stell ich mich nicht

Ich renn lieber bis ans Ende
Der Zeit und aller Welt

Keine Chance bei ihrer Übermacht
Keine Gerechtigkeit erwartet mich
In ihrer Welt
Es macht keinen Sinn
Und ich stell mich nicht
Ihrem falschen Gericht

Ich renn und renn
Keine Wände stoppen mich
Kein Stacheldraht hält mich auf
Denn ich lauf bis ans andere Ende
Der Zeit und aller Welt

Der Schaukelstuhl

Am Ende …

Sieh den alten Schaukelstuhl
Und dich mit hundert Jahr.
Sieh wie du zurückschaust
Auf dein Leben.
Was wirst du fühlen?

Wird da Glück und Stolz sein
Oder Reue?

Du wirst in Skulds Wesen.
Du bist Werdandi jetzt
Und kommst von Urd.

Sieh, wie du dich siehst
In einer fernen Zeit
In diesem Augenblick!

Sieh und sieh jetzt
Und dann
Sieh und frage,
Ob du zufrieden sein wirst!

Drei am Baume

Drei Nornen
Am Baume Yggdrasil.
Drei weise Frauen
Ritzen in die Rinde
Yggdrasils.

Drei zu einer.
Eins zu drei.
Sein und Nichtsein
Zugleich.
Tot und lebend
In tausenden
Augenblicken.

Äonen türmen
In wilden Zeitstürmen.
Millionen Lichtjahre
In einem Schritt.

Drei weise Frauen:
Urd, Werdandi und Skuld.
Drei Zeiten spalten
Was niemals nicht
Getrennt.

Neues Äon

Dort wo Liebe ist,
Erwacht das Licht
Des neuen Äons.

Was außer Liebe?
Etwa Gier und Hass
Oder stumpfe Hierarchie?

Nein! Das neue Äon
Ist der Liebe Licht.
Das neue Äon
Ist die Ära der Liebe.

Liebe lehrte
Der betrunkene Narr.
Ein Gesetz, welches nur
Gegenüber anderen Gesetzen gilt.
Denn wahre Liebe lenkt
Ohne Gesetze, ohne Führer,
Ohne Unterdrückung.

Ein Name. Das Zeichen

Ein Name und
Klare Zeichen
Der Nornen.

Höhere Kräfte wirken
Älter als die Menschheit
Und größer als der Planet.

Sind wir Schachfiguren
In einem kosmischen Spiel?
Sind wir Samen für den Sprung
Der Menschheit ins Weltall?

Fragen über Fragen:
Jede Frage hat tausende Antworten.
Woher weißt du,
Welche die Richtige ist?

Entscheide!
Wähle weise!

Erziele Ziele!

Viele
Ziele
Viele
Hindernisse

Wähle
Und quäle dich
Wenn du nicht
Fleißig bist

Ziel und
Schicksal
Wunsch und
Traum

Siehe und
Erziele
Wähle
Weise und
Dann geh und
Stoppe
Nimmermehr

Frühe Vögel

Morgenstund
Im goldenen Mund
Des Schweigens
Und Aufsteigens.

Früh klingelt
Der Wecker.
Früh weckt der Ruf
Nach mehr.

Jede Minute
Ist ein Geschenk.
Jede Minute
Ist eine Chance,
Dem Schicksal
Zu folgen.

Von morgens früh
Bis spät abends
Üben, üben, üben.
Es beginnt morgens
Mit frischer Energie
Und zieht sich bis
In den späten Abend
Mit reiner Anstrengung
Und Willenskraft.

Urdbrunnen

Einsam streben
Auf Heldenwegen.

Allein nach dem
Himmel greifen
Und das höchste Ziel
Erreichen.

Steinig ist der Weg.
Stürmisch das Meer.
Vulkane brodeln.

Nur im Spiegelbild lebt
Der große Traum.
Nur im hier und jetzt
Können wir ihn aufbauen.

Eis brennt und
Feuer erfriert.
Samen sprießen
In vielen Welten.
Urds Brunnen fließt.
Schicksale leben.

Unerwartet

Sieg auf ganzer Linie.
Strahlend in voller Liebe.
Unerwartet gewonnen.
Eigentlich war der Sieg
Schon zerronnen.
Doch dann mit
Magischer Kraft kam
Er und brachte
Das Glück zurück.

Am Ende kam der Sieg
Aus Yggdrasils Tiefe.
Am Ende hab ich triumphiert
Mit nornischer Liebe.

Das Gefühl unbeschreiblich.
Mein Glück unbegreiflich.
Die Dunkelheit verwandelte sich
Und brachte nornisches Glück.
Die Schmach vergangen.
Mein Triumph wurde wahr.

Zwischen den Realitäten

Freie Brust.
Vergessen wird
Die Niederlage.
Im Zwielicht der Realität
Erscheint ein Bild.

Es sieht, weil es
Wahrer ist als ich.
Es ist über der Welt
Und belehrt mich.

Als Mensch
Sprech ich menschisch.
Kaum versteh ich
Die Zeichen und Lehren.
Doch ich muss!

Ich muss lernen,
Die Zeichen zu verstehen.
Ich muss lernen,
Ihren Weisungen zu folgen.
Ich muss lernen,
Ein guter Adept zu sein.

Sieg!

Erhaben gespielt.
Innerlich verglüht
Und überraschend
Gewonnen.

Der Sieg kam über Nacht
Und fühlt sich unverdient an.
War das die Schicksalsmacht
Oder Glücksgöttin?

Allein und doch nicht allein.
Nur ich, doch niemals
Ohne sie.

Akzeptiere, wie ich akzeptiere.
Lausche nach innen und
Gib mehr und vielen.
Folge ihnen im Herz
Und der Außenwelt.

Jetzt fühl ich mich stolz.
Doch das Gold ist ihres.
Ich sollte dankbar sein
Und mich vor ihnen verneigen.

Die Nornen warten!

Im Norden
Warten die Nornen
Auf den Ruf der Welt
Nach einer besseren Welt.

Die goldene Sonne scheint.
Lasst uns aufhören zu weinen.
Lasst uns in die Hände spucken
Und alles zurecht rücken.

Wir haben die Kraft.
Wir besitzen die Macht.
Es wäre ein riesen Spaß,
Alles schön zu machen.

Worauf wartest du?
Worauf warten wir?
Ich weiß es nicht,
Aber ich weiß,
Die Nornen sind reich
Genug, uns glücklich zu machen!

Überwinden

Allein auf weiter Flur.
Aber in mir erwacht der Geruch
Einer besseren Zeit.

Sie ist fern,
Doch in meinem Kern
Kann ich sie spüren.

Auf diesem Traum
Will ich mein Leben bauen
Und alles transformieren,
Was ich heute Alltag nenn.

Ich brauch ein Ziel
In meinem Lebensspiel,
Sonst bin ich wie ein Boot
Ohne Hafen auf dem endlosen Ozean.

Zeichen weisen
Meine Schicksalsreise.
Ich geb mich hin
Und folge ihnen.

Berge und Täler,
Manche Minenfelder
Muss ich überwinden,
Um mein Glück zu finden.

Allein auf weiter Flur
Bin ich die Hauptfigur
Auf der Suche nach dem Sinn
In meinem Leben.

Müde und erschöpft

Müde Knochen.
Trüber Blick.
Stunden harter Arbeit
Liegen hinter mir.
Sie stecken in jeder
Meiner Poren.

Erschöpft.
Ausgelaugt.
Doch noch liegen
Viele Stunden Arbeit
Vor mir, bevor der Arbeitstag
Zu Ende geht.

Große waren
Und waren einst klein.
Legenden lebten
Und wurden als
Unbekannte geboren.
Ihr Weg soll meiner sein.
Ich wandel in ihren Fußstapfen
Und lerne die Härten
Des Schicksalsweges kennen.

Nornische

Loki, Odin, Freya;
Alle Götter und Göttinnen
Aller Welten gehen,
Um die Nornen zu sehen.

Sie sind weise
Und sehen über die Reiche.
Ihr Blick sieht das Schicksal.
Ihr Herz versteht die Qual
In dieser harten Welt.

Nornenkinder lachen
Mit weisen Spielsachen.
Nornenmädchen weben
Auf Yggdrasils Wegen.
Nornenjungs erheben
Die Welt ins Himmlische.

Die Nornischen leben
Verborgen unter den Wesen.
Sie sind die Reben
Des neuen Äons.

Drei Nornen

Drei Nornen
Am Brunnen.
Drei Nornen
An seinen Wurzeln.
Drei Nornen
Am Baume Yggdrasil.

Drei Nornen weben.
Drei Nornen ritzen.

Frag dich,
Was dein Schicksal ist!
Sieh dir selbst ins Gesicht
Und verstehe dich.

Nornen spinnen Fäden.
Nornen ritzen Zeichen
Ins Gewebe der Zeit.
Doch nur du selbst,
So will es das Gesetz,
Dessen Name Liebe ist,
Entscheidest über deinen Weg.

Wähle!
Wähle die Schicksalswege!
Wähle die Wege
Der wahren Liebe.

Zwei Wölfe

In der Ruhe im Sturm
Dem Feind in die Augen sehen.

Hart waren seine Attacken.
Er hoffte auf einen schnellen Sieg.
Hart war mein Widerstand:
Ich lass mich nicht unterkriegen.

Mein Gegenschlag kam schnell,
Schneller als seine Reaktion.
Es kostete ihn mehr als jeder Sieg.

Jetzt lauern wir und warten.
Ereignisse nehmen ihren Lauf.
Mein Plan ist größer
Als seine kühnste Fantasie
Und die Basis für meinen Sieg.

Er der alte Wolf auf dem Berg.
Ich der hungrige Wolf,
Der den Berg erklimmt.

Freunde

Falsche Freunde
Fressen dein Innerstes.
Selbst Reue
Schützt dich nicht.

Du wirst wieder vertrauen,
So wie ich auch und
Wir werden wieder enttäuscht.

Äußerlich sieht man nicht,
Was in ihnen steckt.
Äußerlich scheinen sie fein,
Während sie innerlich greinen
Und uns verneinen.

Wahre Freunde sind ein Schatz.
Wahre Freunde sind
Der Schicksalspfad.
Wahre Freunde sind selten
Und schwer zu finden.

Wir hören nicht auf
Zu suchen!

Glaube!

Glaube
Selbst im Zweifel.

Glaube
In der Niederlage.

Besiegt. Verloren.
Verraten.
Betrogen. Ausgeraubt.
Verspottet.

Hart ist der Weg.
Schmerzhaft die Erfahrung.
Aber glaube trotzdem an dich.
Glaube an die Liebe in dir.
Glaube an deine Stärke.
Glaube an dein Licht.

Sie können dir alles nehmen,
Aber erst wenn sie dir
Deinen Glauben nehmen,
Haben sie dich wirklich besiegt.

Gib niemals auf
Und glaub!
Glaub an dich
Und das Schicksal,
Welches dir in die Wiege gelegt
Worden ist!

Gebet

Im Wasser strahlt
Dein Gesicht
Im Mondlicht

Lange Schritte
Unter Eichen
Und Gedankenleichen

Denn Erinnerungen kleben
In deinem Geist
Und zerreißen dein Ich-Gewebe

Trümmer türmen
Sich zu inneren Stürmen
In nächtlicher Tracht

Während der Mond scheint
Und du tränenlos weinst
Erscheint eine Sternschnuppe

Ein Wunsch rennt
Von deinen Lippen
Ins unendliche Weltall
Schneller als der Schall

Nackter Glauben

Fehler über Fehler
Häufen sich zum Himalaya.
Niederlage reiht sich
An Niederlage.
Da ist kein Licht
Am Ende des Tunnels.
Aber das ändert nichts:
Es geht weiter voraus
Mit nacktem Glauben.

Allein. Kein Licht.
Einsamkeit. Hoffnungslosigkeit.
Pleite. Obdachlos.
Psychisch kurz vorm Kollaps.
Dennoch das ändert nichts:
Es geht weiter voraus
Mit nacktem Glauben.

Keiner glaubt an uns.
Keiner glaubt, wir schaffen das.
Keiner fördert und/
Oder investiert in unsere Idee.
Doch das ändert nichts:
Es geht weiter voraus
Mit nacktem Glauben.

Bordstein und Skyline

Aus der Dunkelheit
Ins Licht,
Wie einfach das klingt.

Doch hart ist der Weg.
Schwer ist es über sich
Hinauszuwachsen.

Von der Bordsteinkante
Zur Skyline. Vom Bodensatz
Zum Himmelszelt.

Junge Gipfelstürmer.
Alter Wiedergänger.
Einer hungriger als der andere.

Tränen, Blut und Schweiß
Sind nur der halbe Preis,
Den die Wölfe bezahlen.

Einsam kreist der Löwe
An der Spitze seiner
Kleine Löwensippe.

Allein

Fern das Ziel.
Lang der Weg
Und die Einsamkeit,
Ihn gehen zu müssen
Ohne Unterstützung.

Manchmal versteht keiner
Deinen Traum.
Manchmal kannst du nur
Auf dich selbst bauen.
Manchmal zweifeln
Alle an deinen Worten.
Manchmal zeigen
Dir alle die kalte Schulter.

Doch dein Traum glänzt
In ferner Zeit.
Deine Sehnsucht reift,
Ihn zu ergreifen.
Doch es bleibt hart,
Allein zu streben.
Es bleibt hart,
Den Weg allein zu gehen.

Mut und Tatendrang
Führen dich an.
Mut und Willenskraft
Erschaffen.
Gib niemals auf,
Selbst wenn du allein
Alles aufbaust.

Aus der Dunkelheit

Im dunklen Keller am Boxsack.
Die Gewichte in der Garage.
Das Buch getippt an einer
Alten Schreibmaschine im Kerzenschein,
Weil die Stromrechnung zu hoch war;
Wo auch immer,
Wie auch immer,
Wer auch immer:
Folge deinem Traum!
Lebe ihn und erfülle ihn mit Leben,
Damit ihn die anderen sehen.

Aus Tagen wurden Monate,
Die sich zu Jahren ziehen.
Aber aufgeben oder umkehren?
Niemals!

Wir gehen die extra Runde.
Wir investieren die extra Stunden.
Wir geben mehr, als wir haben.

Warum und wie?

Wieder der Spiegel.
Wieder meine Augen,
Die trauen und zweifeln zugleich.

Warum glaube ich an mich
Und zweifel doch im selben Augenblick?
Warum brennt das Feuer
Mal heiß und mal kalt?
Warum lasse ich zu,
Dass diese stumpfe, materialistische Welt
Sich in meine Sicht der Dinge einmischt?

Wie lange noch
Ehe ich zu mir stehe?
Wie lange noch
Bevor ich mich akzeptiere?
Wie lange noch
Ehe ich mein Schicksal annehme?
Wie lange noch
Bevor ich alles gebe?

Wieder der Spiegel.
Wieder mein Gesicht,
Das wortlos mit mir spricht.

Ja!

Tausend Augen sehen dich
Und tausend Münder sprechen über dich,
Denn du bist endlich im Mittelpunkt
Ihrer Welt.

Sie warteten auf dich.
Erst wussten sie nicht,
Dass du es warst,
Doch dann starb
Der Zweifel und das Licht
Deiner Wahrheit überzeugte sie.

Du bist der,
Auf den sie warteten.
Du bist die Quelle
Ihrer Inspiration.
Du bist der Stern,
Dem sie entgegen segeln.
Du bist der Leuchtturm
In der dunklen Nacht.
Glaube an dich,
Denn sie brauchen dich.

Dein Schicksalsruf

Der Schicksalsruf klingt überall!

In den Bäumen, den Häusern, den Bergen, den Wolken,
den Blättern, den Tieren und im heiligen Sonnenschein.

Höre genau!
Zu leicht stört der Krach der Welt.
Zu leicht verwirrt uns der Alltag.
Aber der Ruf ist da.
Der Schicksalsruf ist wahr.

Höre zu!
Höre, was er dir sagt
Und den Weg, den er weist.
Sieh die Visionen.
Tauche ein in die Träume.

Der Schicksalsruf klingt überall:
Aus jeder Ritze der Welt.
Der Schicksalsruf ist überall.
Höre zu und lerne!

Erneuern

Der Pfad des Herzens
Ist nicht frei von Schmerzen.
Der Weg des Schicksals
Ist deine eigene Wahl.

Du wählst und gehst.
Du folgst magischen Zeichen.
Am Horizont die Sonnenscheibe
Und der magische Mond.

Tränen wehen im Wind.
Zweifel schütteln ein Kind.
Der Kopf dröhnt und
Der Magen stöhnt.
Das ist der Preis auf dem Weg
Nach oben.

Einfach? Leicht?
Weder den Weg zu gehen,
Noch einen guten Charakter
Zu schmieden, ist einfach
Oder leicht!

Visionär

Urd am Brunnen,
Während Skuld
Die Zukunftsrunen ritzt
Und Werdandi dir direkt
Ins Gesicht sieht.

Sieh genau hin!
Schau und trau ihnen.

Die Nornen sind
Und sie waren und
Werden sein.

Dein Los im Mutterschoß.
Der Spross des Schicksals.
Dein Weg in Yggdrasils Welten.
Das Kind einer uralten Welt.

Träume weben Visionen.
Tore öffnen sich.
Tritt hindurch, wenn du
Reinen Herzens bist!

Heiden

Heiden der Erde.
Reiht den Kreis
Und blast das Horn
Eures Erbes.

Heiden hört
Der Nornenwort.
Ergreift euer Schicksal
Und stürmt zu den Gipfeln
Dieser Welt.

Heiden hört
Der Nornen Lehre
Und strebt nach
Epischer Ehre.

Heiden dieser Welt,
Ihr seid die Kinder
Dieser Zeit und erwählt.
Erweckt den Held
In euch und die Walküre.

Heiden der Erde
Euer altes Erbe
Ist nicht tot.
Es wartet auf euch
Seit einem Äon.

Traumzauber

Träume
Schäume
Magische Räume
Und unerwartete
Begegnungen

Auf deiner Reise
Bist du der Suchende
Doch die Mächte finden dich
Nicht du sie

Auf deiner Reise
Bist du der Bittende
Doch die Bitte der Welt
Zu erhören, bringt dich
Ans Ziel

Folge dem Pfad
Öffne dein Herz
Höre das Unerhörte
Sieh, was verborgen ist
Tritt durch den Schleier
Ins wirkliche Licht
Der spirituellen Welt

Rückzug

Flucht
Aus der Sucht.
Flucht
Aus der Klemme.
Flucht
Aus der Enge.

Der Gegner zu viele.
Der Widerstand zu stark.
Der Feinde Macht zu groß.

Um zu siegen, muss ich
Einen Schritt zurückgehen
Und neue Kräfte sammeln.
Um doch noch zu gewinnen,
Muss ich einen neuen Weg finden,
Um wieder aufzustehen
Und um erneut zu streben.

Greifbar

Jahre und harte Arbeit.
Schweiß und Geduld.
Berge an Arbeit.
Lichtjahre zu gehen.

Kein Stopp.
Kein Zweifel.
Kein Blick zurück.

Nicht aufgeben.
Nicht nachgeben.
Nicht zurückgehen.
Niemals aufhören.

Noch liegen Jahre
Harter Arbeit vor mir.
Noch wiegen die Aufgaben
Schwer wie Berge.
Noch müssen Millionen
Hindernisse überwunden werden.

Doch der Tag des Sieges ist nah.
Erfolg und Ruhm warten.
Ich kann sie schon sehen,
Ich muss nur noch den Weg
Zu Ende gehen.

Universaler Gipfel

Licht am Ende
Des Tunnels.
Ein Lichtblick
In der Kugel
Der Wahrsagerin.

Die Karten sprechen.
Die Runen prophezeien.
Magische Zeichen geritzt
In Stämme und Steine.

Es wartet.
Es wartet auf dich:
Das Schicksalslicht.

Alte Sippe.
Große Stämme.
Ein Volk auserkoren.
Unsere Spezies ist
Zur Größe geboren.

Du bist die Kerze,
Das Feuer, die Fackel, die Flamme,
Die andere entflammt.
Glaube endlich.
Glaube wieder.
Sei die Wahrheit
Der Prophezeiung.

Rote Kunstledercouch

Die Couch.
Tiefe. Klischee.
Rohrschach.
Einfache Gespräche.

Sinn und Schmerz.
Zweifel und Wert.

Rote Couch.
Blaue Sessel.
Kandinsky an der Wand.
Sterile Wärme.
Unsichtbare Angst.

Wieder mal.
Im Kreis gedreht.
Zerbrochen.
Zusammengeflickt.

Ende Gelände.
Seelenqual.
Wüste Gefühle.
Zaghaft wahr.

Reden ist schwer.
Schweigen unerträglich.
Allein geht nicht
Und zusammen auch nicht.

Dennoch muss ich graben
Und erneut wagen,
Mich aus dem Loch zu erheben
Zu besseren Wegen.

Krisenmodus

Am Ende.
Couch des Psychiaters.
Blick in die Tiefe.

Sitzkissen
Im Yogahaus.
Chanten.

Suchen und
Darauf hoffen,
Sich zu finden.

Wieder und wieder
Kreist der Biber
Um den Stamm Yggdrasils.

Ein Brunnen.
Geritzte Runen
Und Antworten,
Dich ich nicht versteh.

Traumschloss

Träume werden wahr
Auf dem Schicksalspfad.

Sieh ins Licht
Deiner Schicksalspflicht.

Ziele warten
Auf die Tapferen.

Visionen erscheinen,
Um dir den Weg zu zeigen.

Du wirst Legende sein
Im Schicksalsschein.

Folge einfach deinem Herz
Und glaube an deinen Wert.

die Freude der Treue

Treue
Ohne Reue
Bis zum letzten Atemzug
Das schwor, schwöre
Ich den Nornen und werde es
Wieder schwören

Wem schwörst du Treue
Ohne jegliche Reue?
Wem vertraust du
Dein Leben an?
Wem folgst du
In dunkler Stund?

Treue
Ohne Reue
Mit jedem Atemzug

Treue
Mit Freude
Im scheuen Herzen

Treue ohne
Zurückzuscheuen
Bis zum letzten Tag

Verstaubtes Buch

Ein freier Markt des Glaubens.
Freie Wahl der Religion.
Endlose Götter und Geister
Und heilige Kräfte der Mutternatur.

Doch ein Buch nahm das Recht
Der freien Wahl.
Ein Buch führte die Menschen
In die Glaubensqual.

Es zwang und drang
In alle Gebiete vor,
Um seinen Zwangsglauben
Zu bringen oder
Um die Ketzer umzubringen.

Ein neues Äon.
Eine neue Zeit.
Das goldene Zeitalter
Beinhaltet Glaubensfreiheit.
Glaub, was du willst,
Solange du keine:n quälst.

Schatten im Licht

Die Sonne wirft Schatten,
Während meine Gedanken rattern.
Aufgaben und Prüfungen.
Schürfen in der Tiefe
Der Möglichkeiten.

Vierbeiniger kleiner Tisch
Trägt tausend Dinge.
Das materielle Ich
Zerfällt in fahle Ringe.

Wahrheit scheint
Wahrer als äußerlicher Schein.
Tief in uns ruht
Der wahre Mut und
Die Weisheit tiefer zu sehen.

Sieh ins Herz der Welt,
Denn den wahren Held*
Erkennst du nicht an seinen Muskeln,
Seinem Makeup oder seinem Geld.

Heldinnen wirken
Wie widerstandsfähige Birken,
Die dem Sturm trotzen
Und in der Hitze nicht vertrocknen.

Der Wind weht und
Die Blätter spielen ein Lied.
Ein Bund entsteht,
Der Menschen verklebt,
Die zusammen wachsen
Bis zum großen Glück.

Nullpunkt

Kahl
Abgeholzt
Dein Sarg

Leben
Überm Limit
Burnout
Krise Verlust
Depression

So viel gewagt
Verzagt verbrannt
Aufgefressen
Stresstest zerrissen

Auf der Couch
Psychiater Psychologin
Anna Freud Sigmund
Schwur Neuanfang
Bei Null

Am Ziel

Augen und Gefühle schauen.
Du. Erhoben. Auf der Bühne.
Lass sie staunen.

Der Tag ist da.
Du. Bekannt. In jedem Herz.
Dein Erfolg ist endlich wahr.

Tränen versiegten.
Jahre. Harte Arbeit. Dunkelheit.
Jetzt wartet der epische Sieg.

Niemand kannte dich.
Vergessen. Ignoriert. Ein Niemand.
Jetzt zählen sie auf dich.

Du bist oben angekommen.
Steile Stufen. Disziplin. Unermüdlich.
Du hast den Sieg errungen,
Der dich unsterblich macht.

Neuanfang

Bist du bereit?
Denn es wartet
Eine bessere Zeit
Am Ende
Dieser Dunkelheit.

Trübe Qual;
Angst und Zwang
Prägten dein Leben.
Das ist vorbei:
Bald bist du frei!

Wie ein Vogel
Kannst du fliegen
Und dein Schicksal
Selbst wählen.

Auf die Götter
Kannst du bauen
Und den Nornen
Kannst du vertrauen.

Geh befreit
In eine bessere Zeit.
Vergiss altes Leid
Und heile, während
dein heiliges Schicksal
Ein neues Licht entzündet.

Über den Autor:

Gestern nicht
Heute niemand
Morgen nirgendwo